Lire la première phrase du *Capital*

JOHN HOLLOWAY

LIRE LA PREMIÈRE PHRASE DU *CAPITAL*

Suivi de

CRISE ET CRITIQUE

Traduit de l'anglais par José Chatroussat

LIBERTALIA

DERNIERS LIVRES PARUS DANS LA COLLECTION « À BOULETS ROUGES »

DOMINIQUE VIDAL
Le Ventre est encore fécond

MAURICE RAJSFUS
Je n'aime pas la police de mon pays

COLLECTIF
Manifeste des chômeurs heureux

MATHIEU RIGOUSTE
Les Marchands de peur

NICOLAS DE LA CASINIÈRE
Les Prédateurs du béton

GUILLAUME GOUTTE
Tout pour tous !

SÉBASTIEN FONTENELLE
Éditocrates sous perfusion

Actualités & catalogue complet : editionslibertalia.com

AVANT-PROPOS

Ayotzinapa. Il n'y a pas à partir d'un autre lieu. Il n'y a pas une autre façon d'aborder la première phrase du Capital, *ni d'aborder quoi que ce soit d'autre.*

Ayotzinapa, c'est là où le monde a explosé d'horreur. Ayotzinapa, dans l'État du Guerrero au Mexique, c'est là où 43 étudiants ont été arrêtés et enlevés par la police locale et trois autres sauvagement assassinés le 26 septembre 2014. Il se produit bien d'autres explosions d'horreur dans le monde. Mais écrivant au Mexique, c'est celle-là qui me touche au plus près.

Le monde explose d'horreur : il ne se contente pas de la contempler. Ayotzinapa est devenu le symbole de l'horreur, de la barbarie de l'homme à l'égard de l'homme, de la putréfaction de l'État mexicain, de la violence d'un système capitaliste qui traite les personnes comme des objets. Mais c'est bien plus que cela. C'est une immense clameur, ¡Ya Basta! *Assez !, c'est un déferlement de rage. Les parents des étudiants sont en tête des protestations, mais chaque protestation converge avec une autre. Un quart des municipalités de l'État du Guerrero ont à présent rejeté les autorités officielles et mis en place leurs propres assemblées pour gouverner leurs villes. Dans tout le pays, les étudiants se sont mis en grève, ont organisé des marches et ont créé des assemblées. Depuis trois mois, pas un jour ne s'est écoulé sans que des manifestations pleines de rage et d'indignation n'aient lieu. Des gens protestent dans le monde entier et exigent la réapparition des étudiants. Un mécontentement converge avec un autre, tandis que grandit le cri* ¡Ya Basta! *Nous en avons assez des violences policières, des politiciens corrompus, assez d'un État qu'on ne peut distinguer du narcocapital. Il y en a assez d'un système social pourri qui traite systématiquement la plus grande partie de la population mondiale comme de la boue, au point de tout simplement l'éliminer parce qu'elle ne compte pas pour lui. De toute cette horreur émerge quelque chose d'autre, quelque chose de beau qui ne remplace pas du tout cette horreur. Une chose de beauté qui a cette horreur en son centre. Une chose de beauté qui brille de la promesse d'une société n'existant pas encore, qui émet la lumière d'un monde de dignité. Un monde édifié sur la reconnaissance mutuelle des dignités humaines n'existe pas encore, et sa lumière brille sur le visage des parents des 43 et sur celui de tous ceux d'entre nous qui, au Mexique et partout dans le monde, crient « Non ! Assez ! Nous n'acceptons plus ! »*

Donner un coup de pied à un chat moribond gisant dans la rue – non, pas vous, cher lecteur, chère lectrice – c'est ce que fait le capital sans arrêt, en pensant qu'il n'y aura pas de réaction. C'est ce que le capital a fait à Ayotzinapa, se disant qu'il n'y aurait pas de problème. Et le chat, loin de rester étendu et de mourir, s'est retourné, le poil hérissé, et s'est mis à cracher et à sortir ses griffes. Le chat s'est redressé et s'est transformé sous nos yeux en un tigre grondant et rugissant. C'est ce que nous sommes en train de vivre. Le chat s'est transformé, mais la métamorphose n'a été possible que parce qu'il n'était pas seulement moribond, un chat à moitié mort gisant dans la rue : depuis le début, le grondement de la rébellion courait dans sa tête, le rugissement du tigre dans sa gorge silencieuse. Celui qui frappe le chat ne comprend tout simplement pas la réalité. Il ne comprend pas que la réalité est volcanique, qu'il y a un antagonisme latent au sein des rapports sociaux de cette société capitaliste ; il y a un non *enroulé et prêt à crier jusqu'au firmament. Celui qui frappe le chat, à savoir le capital, ne comprend pas que cette réalité est dialectique. Elle n'est pas dialectique dans le sens où elle obéirait à un schéma abstrait sous forme de triade ou conduirait nécessairement à une fin heureuse, mais au sens d'une dialectique négative : la reconnaissance que dans une société antagonique où nous sommes constamment agressés, il existe une force latente refoulée de négation. La dialectique est simplement la reconnaissance de la force latente du chat frappé qui se hérisse et se met à cracher.*

Comment pouvons-nous alors lire Le Capital *de Marx à partir de Ayotzinapa ? Comment pouvons-nous le lire dialectiquement ? Il ne s'agit pas seulement de l'histoire du chat qui a été frappé : ce n'est pas seulement l'analyse des structures de domination. Le lire de cette manière – comme il a été si souvent lu – est grotesque. Une telle lecture n'est pas innocente politiquement. Considérer le chat frappé comme un objet, comme une victime, c'est déjà soutenir que la seule solution possible réside dans un sauveur venant de l'extérieur : un parti, un leader. Dès les premières lignes du* Capital, *nous devons avoir à l'esprit en les lisant le sujet-chat-qui-crache-et-devient-tigre. La richesse qui ouvre la première ligne du* Capital *doit être comprise comme un chat-tigre qui se hérisse et crache déjà contre ce qui l'agresse, c'est-à-dire la marchandise. Un tel chat n'a pas besoin de parti ni de leader : sa force réside dans sa propre rage qui brûle dans l'espoir d'un autre monde qui n'existe pas encore. Un monde de dignité, un monde où les richesses seraient libérées des entraves de la marchandise.*

L'horreur se trouve dans la première phrase du Capital *tout comme elle se trouve à Ayotzinapa. Ici, à Ayotzinapa, avec l'assassinat sauvage et la disparition des étudiants ; là, dans* Le Capital, *avec la forme marchande qui détruit chaque jour des millions de vies. L'une crie vers nous tout comme le fait l'autre. Voir la beauté de la lutte qui a surgi à Ayotzinapa et voir la beauté de la richesse qui s'affronte à la marchandise dans les premiers mots du* Capital, *ce n'est pas être aveugle à la douleur et à la rage : c'est simplement déceler l'espoir parmi les os calcinés des charniers.*

Ces lignes sont censées être la préface de l'édition française de deux articles, l'un sur « La première phrase du Capital *» et l'autre intitulé « Crise et critique » ; mais jusqu'ici il semble que la France n'ait pas été mentionnée. Il n'en est rien car Ayotzinapa ne connaît aucun territoire. Même si son nom n'est pas familier* *aux lecteurs, la réalité de la barbarie croissante du capitalisme pénètre partout dans le monde et provoque explosion sur explosion de fureur, à un endroit puis à un autre. Nous sommes le 2 janvier 2015 et je viens juste de lire le communiqué publié hier par les zapatistes : « Des mains des familles des 43, nous avons compris que Ayotzinapa ne se trouve pas dans l'État mexicain du Guerrero mais partout dans le monde d'en bas. De leurs mains, nous comprenons que l'ennemi commun de la campagne et de la ville est le capitalisme, pas seulement dans un pays mais dans le monde entier. »*

En écrivant cette brève introduction, j'ai beaucoup pensé à mes amis Julien Bordier et José Chatroussat en France, pas seulement parce qu'ils ont tant fait pour la publication de Crack Capitalism *et maintenant pour celle de ce recueil, mais aussi parce que je sais qu'ils ressentent la douleur et l'espoir-à-travers-le-désespoir d'Ayotzinapa, tout comme ils ont compris la douleur et l'espoir-à-travers-le-désespoir de la première phrase du* Capital. *Je les remercie tous deux infiniment.*

John Holloway

LIRE LA PREMIÈRE PHRASE DU *CAPITAL*

OU

LE CAPITAL COMMENCE PAR LA RICHESSE ET NON PAR LA MARCHANDISE

L'auteur met en exergue la première phrase du *Capital* dans deux traductions anglaises différentes (l'une de 1887 et l'autre de 1976) ainsi que la phrase originale de Marx en allemand. Nous y avons ajouté deux traductions françaises différentes (l'une de 1924, l'autre de 1993).

The wealth of those societies in which the capitalist mode of production prevails, presents itself as "an immense accumulation of commodities", its unit being a single commodity. Traduction par Samuel Moore et Edward Aveling, supervisée par Friedrich Engels*.

The wealth of societies in which the capitalist mode of production prevails appears as an "immense collection of commodities"; the individual commodity appears as its elementary form. Traduction par Ben Fowkes**.

* Marx Karl, *Capital*, vol. 1, Moscou, Progress Publishers, 1965 (1867 ; traduction datant de 1887), p. 35.
** Marx Karl, *Capital*, vol. 1, Londres, Penguin Books, 1990 (1867 ; traduction datant de 1976), p. 125.

*Der Reichtum der Gesellschaften, in welchen kapitalistische Produktionsweise herrscht, erscheint als eine « ungeheure Warensammlung », die einzelne Ware als seine Elementarform**.

*La richesse des sociétés dans lesquelles règne le mode de production capitaliste se présente comme une « immense accumulation de marchandises ». Prise isolément, chaque marchandise est la forme élémentaire de cette richesse***.

---

*MARX Karl, *Das Kapital*, Bd. I, Berlin, Dietz Verlag, 1985 (1867), p. 49. À noter également la première phrase de la *Contribution à la critique de l'économie politique*, publiée pour la première fois en 1859, huit ans avant la première publication du *Capital* : « *The wealth of bourgeois society, at first sight, presents itself as an immense accumulation of commodities, its unit being a single commodity* » dans MARX Karl, *A Contribution to the Critique of Political Economy*, Londres, Lawrence & Wishart, 1971 (1859), p. 27. Texte original : « *Auf den ersten Blick erscheint der bürgerliche Reichtum als eine ungeheure Warensammlung, die einzelne Ware als sein elementarisches Dasein* » dans MARX Karl, *Zur Kritik der Politischen Ökonomie*, Karl Marx-Friedrich Engels – Werke, Bd. 13, Berlin, Dietz Verlag, 1961 (1859), p. 15. Traduction française de Maurice Husson et Gilbert Badia : « À première vue, la richesse bourgeoise apparaît comme une immense accumulation de marchandises et la marchandise prise isolément comme la forme élémentaire de cette richesse », dans MARX Karl, *Contribution à une critique de l'économie politique*, Paris, Éditions sociales, 1972, p. 22.

**MARX Karl, *Le Capital*, livre I, Paris, Alfred Costes éditeur, 1924 (1867). Traduit par Joseph Molitor.

*La richesse des sociétés dans lesquelles règne le mode de production capitaliste apparaît comme une « gigantesque collection de marchandises », dont la marchandise individuelle serait la forme élémentaire**.

INTRODUCTION

Parmi les nombreux commentaires du *Capital*, peu d'entre eux mentionnent la première phrase du livre. Il est communément affirmé que le point de départ de ce que Marx met en discussion est la marchandise. La première phrase est donc considérée comme un lever de rideau plutôt que comme une phrase ayant une signification en elle-même : elle ne nous conduirait simplement qu'à la question vraiment importante, à savoir l'analyse de la marchandise. Pourtant, si nous lisons cette première phrase, nous voyons que Marx ne commence pas par la marchandise et qu'avant même de la mentionner, il ouvre tout un ensemble de questions qui sont d'une importance théorique et politique fondamentale.

---

* MARX Karl, *Le Capital*, livre I, Paris, PUF, 1993 (rééd. 2009), p. 39. Traduction française sous la direction de Jean-Pierre Lefebvre.

Dans ce qui suit, j'examinerai le sujet, l'objet et le prédicat de la première phrase du *Capital* afin d'explorer ce monde de questions. Mon objectif n'est pas de découvrir le « vrai Marx » mais d'analyser le texte et d'interroger ce qu'il offre pour la lutte contemporaine contre le capitalisme.

LE SUJET

Le sujet de la première phrase n'est pas la marchandise. C'est « la richesse » – « la richesse des sociétés dans lesquelles règne le mode de production capitaliste ». Cette richesse « se présente comme une "gigantesque collection de marchandises" »; mais nous devons d'abord nous concentrer seulement sur le sujet, la richesse.

Il est facile de sauter par-dessus la signification de la première phrase précisément à cause de ce que cette phrase affirme elle-même. C'est le fait même que cette richesse nous apparaisse, à nous qui vivons dans la société capitaliste, comme une collection de marchandises, qui nous fait prendre cette apparence comme allant de soi. Nous avons l'habitude de voir les richesses de cette façon. Lorsque nous pensons à la richesse, nous pensons habituellement à la richesse matérielle, aux choses qu'une personne a, probablement à l'argent, l'équivalent général des marchandises. Si nous faisons référence à quelqu'un de riche, nous voulons dire en général qu'il ou elle a beaucoup d'argent et peut par conséquent disposer d'une immense quantité de marchandises. Autrement dit, la forme dans laquelle nous apparaît la richesse nous conduit à établir une identité entre la richesse et la gigantesque collection de marchandises, à les traiter comme étant identiques. S'il en était ainsi, il serait alors juste de traiter la première phrase comme un lever de rideau, comme une phrase n'ayant pour sens que de nous conduire vers la question centrale, la marchandise.

Toutefois, la richesse ne doit pas être pensée de cette façon. Pour les anglophones, il est peut-être plus facile de le voir si nous revenons au terme allemand originel qu'utilise Marx, *Reichtum*, qui pourrait être traduit facilement par *richness* : dans la société capitaliste, la richesse *(richness)* apparaît comme une immense collection de marchandises. Il n'y a certainement aucune différence tranchante en anglais entre le concept de *richness* et celui de *wealth*, mais *richness* nous frappe par sa signification plus large : une riche tapisserie *(rich tapestry)*, une conversation enrichissante *(an enriching conversation)*, une vie riche ou une riche expérience *(a rich life or experience)*, une riche diversité de couleurs *(a rich diversity of colours)*[*].

La première phrase, en nous parlant de la « richesse *(wealth)* des sociétés dans lesquelles règne le mode de production capitaliste », nous invite à nous demander à quoi ressemblerait la richesse *(richness [or wealth])* dans une société où le mode de production capitaliste ne régnerait pas. Dans les *Grundrisse*, écrits assez peu de temps auparavant, Marx donne une réponse directe à notre question :

---

*NdT : Pour traduire *wealth* ou *richness*, nous ne disposons que d'un seul terme en français : *la richesse*. Afin de suivre au plus près l'argumentation de l'auteur, nous avons signalé entre parenthèses le terme anglais à chaque fois que cela nous a semblé utile. Le mot le plus proche de *wealth* pourrait être *fortune*, comme dans l'expression *wealthy people*, qu'on peut traduire par « des riches » ou « des gens fortunés ». Il peut être également rendu par le pluriel, *richesses* ou *ressources*. Le terme anglais *richness* se réfère plutôt, comme le souligne l'auteur, à une qualité non quantifiable à priori.

« Mais en fait, qu'est-ce d'autre que la richesse lorsqu'elle a été dépouillée de sa forme bourgeoise bornée, si ce n'est l'universalité des besoins, des capacités, des jouissances, des forces productives, etc., des individus, universalité engendrée par l'échange universel ? Si ce n'est la maîtrise pleinement développée de l'homme sur les forces de la nature, aussi bien ce qu'on appelle la nature que sa propre nature ? Si ce n'est la mise en œuvre complète de ses aptitudes créatrices, sans autre présupposé que le développement historique antérieur qui fait de cette totalité du développement, c'est-à-dire le développement de toutes les forces humaines en tant que telles, une fin en soi, sans les mesurer à une échelle *préalablement fixée* ? Où l'homme ne se reproduit pas dans une détermination particulière mais produit sa totalité ? Où il ne cherche pas à rester quelque chose ayant son avenir derrière soi, mais se trouve dans le mouvement absolu du devenir ? Dans l'économie bourgeoise – et à l'époque de la production qui lui correspond – cette pleine mise en œuvre de l'intériorité humaine apparaît comme un dépouillement complet, cette objectivation universelle, comme une aliénation totale, et la destruction de toutes les fins déterminées unilatérales, comme le sacrifice de la fin en soi humaine à une fin tout à fait extérieure*. » (1857)

Dès que nous lisons cette description de la richesse *(wealth)* dans les *Grundrisse***, la première

*Voici le texte original en allemand : « *In fact aber, wenn die bornierte bürgerliche Form abgestreift wird, was ist der Reichtum anders, als die im universellen Austausch erzeugte Universalität der Bedürfnisse, Fähigkeiten, Genüsse, Produktivkräfte etc. der Individuen? Die volle Entwicklung der menschlichen Herrschaft über die Naturkräfte, die der sog. Natur sowohl wie seiner eignen Natur? Das absolute Herausarbeiten seiner schöpferischen Anlagen, ohne andre Voraussetzung als die vorhergegangne historische Entwicklung, die diese Totalität der Entwicklung, d.h. der Entwicklung aller menschlichen Kräfte als solcher, nicht gemessen an einem vorhergegebnen Maßstab, zum Selbstzweck macht? Wo er sich nicht reproduziert in einer Bestimmtheit, sondern seine Totalität produziert? Nicht irgend etwas Gewordnes zu bleiben sucht, sondern in der absoluten Bewegung des Werdens ist? In der bürgerlichen Ökonomie – und der Produktionsepoche, der sie entspricht – erscheint diese völlige Herausarbeitung des menschlichen Innern als völlige Entleerung; diese universelle Vergegenständlichung als totale Entfremdung und die Niederreißung aller bestimmten einseitigen Zwecke als Aufopferung des Selbstzwecks unter einen ganz äußeren Zweck.* » Marx Karl, *Grundrisse*, Berlin, Dietz Verlag, 1953 (1857), p. 387-388. [NdT : la traduction française ci-dessus tient compte de la traduction des Éditions sociales (pp. 446-447), de la traduction anglaise et du texte original.]

**Je comprends les *Grundrisse*, qui étaient une ébauche pour Marx, comme un texte apportant des éclaircissements dans l'interprétation du *Capital*. Leur publication a joué un rôle important en inaugurant une remise en question de la lecture traditionnelle du *Capital*. Mais je ne considère pas du tout qu'il y aurait une différence entre des *Grundrisse* plus révolutionnaires et un *Capital* moins révolutionnaire.

phrase du *Capital* prend des couleurs beaucoup plus vives. La richesse *(wealth)* est « l'universalité des besoins humains, des capacités, des plaisirs, des forces productives, etc., créés par l'échange universel* ». C'est collectif, c'est social, c'est le produit de l'interaction humaine – la richesse *(richness)* de ce qui est souvent appelé « le commun** ». C'est en mouvement : « la mise en œuvre complète des aptitudes créatrices (de l'humanité) », « le mouvement absolu du devenir ». C'est diversifié : « le

* *Interchange* [au lieu d'*exchange* dans la traduction anglaise, soit « échange » en français, NdT] aurait pu être une meilleure traduction du terme original *Austausch*. Il est clair qu'ici Marx ne parle pas de l'échange de marchandises. Richard Gunn, dans un commentaire très utile d'une version antérieure du présent essai, signale que le texte allemand donne une place plus centrale à l'*universal exchange* [« échange universel »] (une traduction anglaise littérale serait : « *What is wealth other than the created-through-universal-exchange universality of human needs, capacities, pleasures, productive forces etc.* ») [NdT : soit en français – « Qu'est-ce d'autre que la richesse, si ce n'est l'universalité créée à travers un échange universel des besoins, des capacités, des jouissances, des forces productives, etc. »]. Et Richard Gunn suggère que l'« échange universel » devrait être compris comme une reconnaissance mutuelle et que, en conséquence, « la richesse EST la reconnaissance mutuelle ».

** C'est effectivement une richesse commune *(common wealth)*. Cela coïncide avec le titre du troisième livre de la trilogie de Hardt et Negri (*Commonwealth*, Cambridge, Harvard University Press, 2009), mais leur développement de cette idée les entraîne dans une direction différente : ils ne se focalisent pas sur l'opposition posée par *Le Capital*, celle entre la richesse commune et la forme marchande.

développement de toutes les forces humaines en tant que telles comme fin en soi ». C'est la richesse d'une rue remplie de traditions différentes et de façons de vivre différentes, la richesse des changements de saison à la campagne, la richesse d'une voix qui s'élève, qu'il s'agisse de celle d'un être humain ou de celle d'un oiseau. C'est la richesse potentiellement illimitée de toutes les richesses : ce qui apparaît dans notre société comme une gigantesque collection de marchandises*. La première phrase n'est pas un lever de rideau inoffensif. Marx nous plonge dans un monde où règne une tension. Il fait appel à notre indignation, à notre sens de la dignité endommagé.

Cette tension est manifeste, non seulement dans la relation entre le sujet et le prédicat (richesse et marchandises), mais déjà dans le sujet de la première phrase : « La richesse des sociétés dans lesquelles prévaut le mode de production capitaliste. » Nous partons de là où nous

---

*Dans un registre similaire, voir VANEIGEM Raoul, *Lettre à mes enfants et aux enfants du monde à venir*, Paris, Le Cherche-Midi, 2012, p.14 : « Le meilleur remède contre le manque à vivre, qui est la maladie de la survie, est de découvrir sa propre richesse, celle de la joie, de la création, de l'amour, du désir enivrant de se libérer de l'oppression de la marchandise. »

sommes : la société capitaliste, une société dans laquelle le mode de production capitaliste prévaut (ou règne)*. C'est la société dans laquelle nous vivons, la société à laquelle nous avons à faire. Le sujet de la phrase est un sujet historiquement spécifique, mais c'est un sujet qui va au-delà de sa spécificité historique. La qualification du sujet (« des sociétés dans lesquelles prévaut le mode de production capitaliste ») est une limitation qui suggère sa propre victoire : la limitation de la richesse postule une richesse qui n'est pas si limitée que ça. En limitant le sujet de cette manière, nous suggérons déjà qu'il existe quelque chose au-delà des limites, une richesse qui, au moins potentiellement, n'est pas la richesse des sociétés dans lesquelles prévaut le mode de production capitaliste. La richesse ne s'adapte pas : elle ne reste pas contenue dans cette limitation « des sociétés dans lesquelles prévaut le mode de production capitaliste », elle déborde.

---

*Le verbe original *herrscht* pourrait être traduit par « règne » *(rules)* au lieu de prévaut *(prevails)*. Le terme « prévaut » ouvre la possibilité d'une coexistence pacifique avec d'autres formes de production, tandis que le terme *herrscht* suggère que toute autre forme de production ne peut exister que de façon antagoniste avec le mode de production capitaliste. Cette dernière version me semble plus exacte.

Comment comprendre ce débordement, ce renversement des limites imposées à la richesse ? En constituant la richesse *(wealth)* comme sujet et non comme objet de la phrase, Marx suggère que la richesse elle-même est la source du mouvement allant au-delà de ses propres limites. Il annonce que l'histoire qu'il va nous raconter est l'histoire de la richesse *(richness)* humaine (l'humanité dans le mouvement absolu de son devenir) se propulsant contre et au-delà des liens qui la retiennent captive. Dans ces tout premiers mots, Marx dit clairement que ce livre n'est pas une théorie de la domination mais une théorie des forces exerçant leur pression contre la domination et en fait contre toutes les limites.

La richesse, qui est le sujet de la première phrase, n'est pas une catégorie non historique ou transhistorique, mais une catégorie qui pousse au-delà de sa propre spécification historique. Elle n'existe pas en dehors du prédicat, elle n'est pas extérieure à la collection des marchandises, mais elle existe dans-contre-et-au-delà d'elle. Ce n'est pas seulement une altérité qui est présentée en ouverture*, mais un antagonisme, un antagonisme qui exerce une poussée au-delà de lui-même. La richesse *(richness)* à laquelle nous sommes présentés avec ces mots d'ouverture n'est pas la richesse d'un humanisme non historique, mais une richesse qui réside dans une révolte historiquement spécifique contre sa propre limitation.

La richesse *(wealth)*, la richesse *(richness)* de la créativité humaine, se présente donc comme un sujet, comme un sujet troublé, insatisfait. Un sujet fier constituant les premiers mots du premier chapitre. La richesse hurle, la richesse défie. Avec indignation certainement, avec puissance peut-être. Cela va à l'encontre d'une bonne partie de la pensée de gauche qui prend la pauvreté, non la richesse *(richness)*, comme son point de départ. La première phrase du *Capital* nous fait

*Voir De Angelis Massimo, *The Beginning of History : Value Struggles and Global Capital*, Londres, Pluto Press, 2007, où il parle de l'importance des autres valeurs par opposition à la valeur des marchandises. Mais il attribue à ces valeurs une externalité vis-à-vis de la valeur capitaliste. Je considère que la relation est plutôt antagonique de façon inhérente. La marchandise n'existe pas simplement à côté des autres formes de richesse : c'est plutôt une agression permanente, un mouvement permanent pour absorber toutes les autres formes de richesse.

penser autrement : ce n'est pas parce que nous sommes pauvres que nous luttons, mais parce que nous sommes riches. Ce n'est pas parce que nous sommes pauvres que nous luttons contre le capitalisme, mais parce que « la mise en œuvre absolue de [nos] aptitudes créatrices » est frustrée, parce que « le mouvement absolu de [notre] devenir » est bridé. C'est notre richesse qui relève la tête et hurle qu'elle va briser ses liens.

LE PRÉDICAT

La richesse *(wealth, richness)* se présente dans les sociétés capitalistes comme une « gigantesque collection de marchandises ». La marchandise, nous dit Marx au début du second paragraphe*,

---

*NdT : Nous reproduisons ici les traductions anglaises commentées par l'auteur. « *The commodity is, in first place, an object outside us, a thing that by its properties satisfies human wants of some sort or another* » (traduction par Samuel Moore et Edward Aveling [Marx Karl, *Le Capital*, 1965, p. 35]). La traduction par Fowkes (1990, p. 25) est légèrement moins percutante : « *The commodity is, first of all, an external object, a thing which through its qualities, satisfies human needs of whatever kind.* » Le texte allemand original est : « *Die Ware ist zunächst ein äusserer Gegenstand, ein Ding, das durch seine Eigenschaften menschlische Bedürfnisse irgendeiner Art befriedigt.* » (1985, p. 49)

« est d'abord un objet extérieur, une chose qui satisfait, grâce à ses qualités propres, des besoins humains d'une espèce quelconque* ». La marchandise est un objet qui nous est extérieur, une chose produite pour être vendue.

Marx nous entraîne dans les confins étroits d'un donjon. Il y a une transition dramatique dans la première phrase entre un monde de richesse *(richness)* – (l'humanité « dans le mouvement absolu du devenir ») – et un monde composé d'une immense collection d'objets extérieurs à nous. Marx nous prend par la main et nous conduit dans le monde horrible de l'économie politique. De façon spectaculaire, nous nous rappelons du sous-titre du livre : *Critique de l'économie politique*. C'est la tension entre le sujet et le prédicat de cette première phrase qui est à la base de la critique. Dès que nous avons franchi ce passage désastreux de la richesse vers les marchandises, alors Marx peut dire, comme il le fait dans la deuxième phrase : « C'est pourquoi notre recherche commence par l'analyse de la

* MARX Karl, *Le Capital*, PUF, 1993.

marchandise*. » Mais la marchandise n'est pas pour autant le point de départ de l'analyse de Marx. C'est la richesse *(wealth)* – ces richesses *(richness)* qui se trouvent *dans-contre-et-au-delà* du monde des marchandises – qui est son point de départ. C'est seulement après que nous sommes tombés dans le monde étroit et ténébreux de l'économie politique que la marchandise devient un point de départ. Si nous oublions le monde extérieur, le monde des richesses, alors nous nous oublions nous-mêmes, nous oublions notre critique, notre opposition, le point de départ réel.

Le chemin parcouru avec cette première phrase mène à un rétrécissement, à une richesse du monde réduite au monde de l'économie politique, au monde des marchandises. Marx est souvent accusé d'être coupable de ce rétrécissement, d'avoir eu une vision purement économique du monde, d'avoir omis de tenir compte de la

* Traduction de Fowkes : « *Our investigation therefore begins with the analysis of the commodity.* » Traduction de Moore et Aveling : « *Our investigation must therefore begin with the analysis of the commodity.* » Texte original : « *Unsere Untersuchung beginnt daher mit der Ware.* »

richesse de la vie et de la multiplicité des formes d'oppression. Dès la première phrase, il est pourtant clair que rien n'est plus faux. Sa critique de l'économie politique n'est pas seulement la critique des différentes théories des économistes : c'est une critique de l'économie en elle-même, une critique du monde qui réduit la richesse humaine à de l'économique. C'est précisément le point de vue exprimé à la fin du passage des *Grundrisse* cité précédemment : « Dans l'économie bourgeoise – et à l'époque de la production qui lui correspond – cette pleine mise en œuvre de l'intériorité humaine apparaît comme un dépouillement complet, cette objectivation universelle, comme une aliénation totale, et la destruction de toutes les fins déterminées unilatérales, comme le sacrifice de la fin en soi humaine à une fin tout à fait extérieure. » Ce n'est pas Marx mais la réduction de toute chose dans le monde à de l'économique qui supprime tout ce qui ne s'adapte pas à la logique de la marchandise.

Le mouvement des richesses vers les marchandises nous mène vers un monde soudé par des lois, un monde qui a une cohésion sociale stricte, un monde qui peut être compris comme une totalité, un monde de synthèse. Il n'existe aucune raison intrinsèque qui obligerait la production de richesses à suivre une série de lois. La mise en œuvre absolue de nos potentialités créatrices peut se déployer dans de nombreuses directions différentes, pour différents motifs, à des rythmes différents. Il n'en va pas ainsi avec les marchandises : elles sont produites pour l'échange, et le besoin de les échanger impose le besoin de les produire par un travail qui est socialement nécessaire. Et cela crée tout un monde de nécessités fonctionnelles, de déterminations qui fonctionnent comme des lois indépendantes de tout contrôle conscient. Marx examine toutes ces lois dans *Le Capital* mais à partir d'un point de vue qui est contre cette totalité liée par des lois et qui va au-delà de cette totalité.

Le mouvement de la richesse vers les marchandises est aussi le mouvement vers un monde quantifié et quantifiable. Le petit additif au prédicat, « dont la marchandise individuelle serait la forme élémentaire », prend toute sa signification. Si l'on pense la richesse comme étant « la mise en œuvre absolue de ses aptitudes (humaines) créatrices », alors cela n'a aucun sens de la penser comme étant subdivisée en unités ou en éléments individuels de richesse. C'est lorsque la richesse est réduite à une collection d'objets extérieurs à nous qu'il devient possible de parler de sa subdivision en unités : en fait, ce n'est pas seulement possible, mais la subdivision de cette richesse en unités interchangeables ou en marchandises individuelles est un élément essentiel du passage du sujet de la phrase à son prédicat*.

LE VERBE

La richesse apparaît comme** une immense collection de marchandises. Que signifie « apparaît comme » ?

1. L'apparence n'est pas une fausse apparence : Marx ne dit pas « la richesse semble être une immense collection de marchandises mais c'est une erreur, en réalité c'est quelque chose

*Je remercie Richard Gunn d'avoir attiré mon attention sur ce point.

** *Erscheint* dans la version originale ; « se présente comme » dans la traduction de Moore et Aveling.

d'autre[*] ». Une telle interprétation détacherait l'apparence de son substrat, c'est-à-dire de ce qui apparaît en tant que tel. Elle traiterait la relation entre celui-ci et celle-là comme le fruit du hasard, tandis que pour Marx, la relation entre l'apparence et le substrat est d'une importance centrale. L'apparence est une apparence réelle, une apparence qui a une validité générale, une certaine stabilité. Ce n'est pas une apparence qui va disparaître dès que nous aurons montré qu'il s'agit d'une erreur. C'est une apparence qui est engendrée par « des sociétés dans lesquelles règne le mode de production capitaliste ».

Nous pouvons mettre en évidence la stabilité ou la réalité de cette apparence en disant que la richesse dans la société capitaliste existe *sous la forme* d'une immense collection de marchandises. Dans ce contexte, le terme *forme* peut être compris comme « mode d'existence[**] » : le mode d'existence

---

* Pour une discussion dans ce contexte sur la distinction entre *erscheint* et *scheint*, voir HEINRICH Michael, *Wie das Marxsche Kapital lessen*, Stuttgart, Schmetterling Verlag, 2008, p. 51.

** Pour la compréhension de la forme comme un mode d'existence, voir GUNN Richard, « Against Historical Materialism : Marxism as a First-order Discourse », dans BONEFELD Werner, GUNN Richard et PSYCHOPEDIS Kosmas (dir.), *Open Marxism, vol. 2. Theory and Practice*, Londres, Pluto Press,1992, pp. 1-45.

de la richesse dans les sociétés capitalistes est une immense collection de marchandises.

2. L'apparence a donc une validité générale. Marx ne dit pas « la richesse de ces sociétés apparaît à Adam Smith et Ricardo comme une immense collection de marchandises ». Il ne dit pas non plus que « la richesse apparaît à la bourgeoisie comme une masse de marchandises, mais que le prolétariat sait qu'il n'en est pas ainsi* » ou encore que « la richesse est présentée par l'idéologie bourgeoise comme une collection de marchandises ». Plus exactement, la richesse dans ces sociétés apparaît ou existe sous la forme de marchandises. Elle apparaît ainsi aux membres de cette société. Et elle apparaît ainsi parce qu'elle est ainsi : l'apparence est réelle, la richesse existe réellement sous la forme d'une immense collection de marchandises. C'est la façon réelle dont la richesse est considérée par les gens ; c'est la force qui forme ce que sont les richesses produites et comment elles le sont. Nous avons déjà suggéré

* C'est le thème central du livre de Lukacs, toujours extraordinaire mais problématique, *Histoire et conscience de classe*, Paris, Minuit, 1960 (1923).

que la force de cette apparence réelle est la clé pour comprendre le manque d'importance que l'on attribue en général à cette première phrase du *Capital*.

3. Cela nous confronte à un problème qui est central dans la lecture du *Capital*. Si la richesse apparaît ainsi, *qu'est-ce qui a rendu possible pour Marx d'écrire une telle phrase*? Cette phrase n'aurait pas pu être écrite si Marx n'avait pas été capable de transcender cette apparence d'une façon ou d'une autre. Comment pouvons-nous expliquer cela ?

L'explication la plus évidente est une explication d'ordre personnel. Marx était un homme d'une très grande clairvoyance ; maintenant que nous partageons son idée pénétrante, nous sommes également très clairvoyants, ce qui nous permet de briser les apparences. Mais cette explication pose deux problèmes. Le premier est qu'elle va à l'encontre de la propre méthode de Marx. Pour lui, l'apparence est une apparence réelle, quelque chose qui a un substrat réel, qui a sa base dans l'organisation actuelle de l'activité humaine. Les limites de la pensée d'Adam Smith et de Ricardo, par exemple, ne sont pas dues à des erreurs ou à un manque d'intelligence, mais au fait que, de la tête aux pieds, ils étaient englués dans les rapports sociaux du capitalisme. Ce n'est pas seulement qu'ils avaient choisi d'être du côté de la bourgeoisie, mais que leurs idées avaient été rendues possibles et aussi limitées par les rapports sociaux dont ils étaient parties prenantes. Le deuxième problème avec cette sorte d'explication est qu'elle mène à une séparation entre les personnes qui comprennent que la richesse est plus que les marchandises, et les masses qui sont piégées par le monde des apparences. Dans ce cas, il est de la responsabilité de la minorité éclairée d'éclairer les masses (ou de leur apporter la conscience). Les expériences du siècle dernier ont montré qu'une telle conception pouvait avoir des conséquences désastreuses.

Pour que Marx ait pu écrire cette phrase et pour que nous puissions la partager, il doit y avoir plus que de la clairvoyance et plus qu'une explication en termes personnels. Pour que Marx ait transcendé l'apparence et ait adopté une position allant au-delà (comme il le fait dans la première phrase), il doit exister une non-apparence, un débordement, une inadaptation, un reste qui n'est pas contenu dans l'apparence. Pour que Marx soit allé au-delà de l'apparence en pensée, il doit exister une rupture de l'apparence en pratique. C'est la non-apparence réelle qui nous offre le point de vue à partir duquel nous pouvons dire que « les richesses apparaissent comme des marchandises ». Lorsque nous affirmons cela, nous disons inévitablement en même temps que « cette affirmation n'est pas toute la vérité parce que la seule chose qui nous permet d'avancer une telle affirmation, c'est le fait qu'il est également vrai que les richesses n'apparaissent pas comme des marchandises, que la richesse existe dans-contre-et-au-delà des marchandises ». La phrase charrie nécessairement un courant sous-jacent, inexprimé, une non-apparence. L'apparence met hors de vue ce qui n'apparaît pas, ce qui est un substrat invisible ou latent. C'est l'existence réelle de ce substrat, ce « qui n'apparaît pas », qui nous permet de comprendre et de faire nôtre cette phrase. Nous pourrions dire que la moitié de la première phrase du *Capital* est écrite avec une encre invisible.

C'est bien là que nous, lectrices et lecteurs du *Capital*, nous vivons et nous voulons vivre : dans le monde qui ne tombe pas dans l'apparence de la richesse comme marchandises. Si nous pensons le mouvement de la richesse vers les marchandises comme un transfert nous conduisant vers un donjon constitué de choses, alors nous, lectrices et lecteurs du *Capital,* nous sommes du côté de la richesse, campant fermement sur nos positions et criant que nous ne voulons pas être entraînés dans ce donjon, que nous ne voulons pas tomber dans le monde ensorcelé des apparences qui menace de tous nous engloutir. C'est évident : sinon, pourquoi lirions-nous *Le Capital*?

Dès que nous posons la question : comment est-il possible d'affirmer cela (et il est difficile de voir comment nous pourrions l'éviter), alors c'est l'ensemble du *Capital* qui change. Au lieu de narrer comment les choses s'adaptent bien ensemble, *Le Capital* devient le récit d'une inadaptation. Et nous réalisons alors que le plaisir que nous éprouvons en le lisant vient du fait que nous aussi sommes inadaptés : nous vivons *dans-contre-et-au-delà* de ce système que nous essayons de comprendre.

4. La première phrase n'a pu être écrite que dans la mesure où la relation entre la richesse et les marchandises n'est pas une relation d'identité. La richesse ne s'adapte pas à la marchandise sans qu'il y ait un reste : c'est ce reste qui a rendu possible l'écriture de la phrase – et qui rend possible sa lecture.

Le verbe « apparaît comme » n'indique pas une identité. Marx n'emploie pas le terme « apparaît comme » de façon vague (comme nous le faisons souvent) pour vouloir dire « la richesse des sociétés dans lesquelles règne le mode de production capitaliste *est* une immense collection de marchandises ». Cependant, ce verbe exprime un processus d'identification. Dans cette société, la richesse en vient à être identifiée à une collection de marchandises. Il y a un processus d'identification mais qui n'est pas complet car il se confronte à un mouvement allant dans une direction opposée, à une résistance. Autrement dit, la relation entre l'apparence et la non-apparence est antagonique. Il y a un antagonisme vivant entre ce qui entraîne la richesse dans la forme marchande et les forces qui poussent contre et au-delà du processus de marchandisation. D'un côté, il y a le mouvement du « apparaître comme », de la mise en forme, de l'identification. D'un autre côté, il y a le mouvement de l'anti-identification, celui du débordement et de l'inadaptation. L'apparence, la marchandise, se présente comme non antagonique, mais cela dissimule l'antagonisme qui la sous-tend. La richesse de ces sociétés apparaît comme une immense collection de marchandises : cette apparence est une apparition active, une formation active ou une identification qui dissimule cette force antagonique qui rend cette affirmation possible, cette force qui découle du fait qu'il est également vrai que cette richesse n'apparaît pas comme une collection de marchandises, qu'elle déborde cette apparence.

Ce qui apparaît comme un *fait accompli* (l'existence de la richesse dans la forme marchandise) est un antagonisme vivant. Si nous pensons la transition du sujet au prédicat de la phrase comme à un mouvement de captation de la richesse *(richness)* dans le donjon de la marchandise, alors le débordement nous dit que la porte du donjon ne s'est pas refermée bruyamment, que le mouvement d'entraînement se poursuit.

La forme marchandise, loin d'être un fait accompli, est une attaque permanente contre son substrat (la richesse), une lutte permanente pour la forcer à pénétrer dans la forme marchande et à être contenue par elle. Cette attaque doit affronter une poussée permanente dans la direction opposée tandis que la capacité créative humaine de richesses résiste à cet enfermement et exerce une poussée vers d'autres formes de socialisation*. Pour donner tout son sens à la phrase, nous devons comprendre à la fois la «richesse» et la « marchandise » comme des verbes plutôt que comme des noms. La marchandise est en réalité un mouvement de marchandisation, et la richesse est un mouvement de création de richesses ou d'enrichissement, un mouvement contre et au-delà de la forme marchande, une mise en commun. Plus précisément, la transition du début vers la fin de cette première phrase est une transition d'un enrichissement actif (« la mise en œuvre des… aptitudes créatrices ») vers un nom

*La propriété intellectuelle est un champ de bataille particulièrement évident en ce moment. Plus généralement, la marchandisation des richesses (ou la clôture des communs, comme on s'y réfère souvent) est une bataille sanglante effroyable au cœur de l'expérience humaine aujourd'hui.

qui ne dissimule pas seulement l'enrichissement qu'il enferme mais aussi sa propre dynamique en tant que mouvement de marchandisation. L'apparence qui se réfère à « apparaît comme » est constamment en question.

« Apparaît comme » ouvre donc un espace d'espoir. Nous vivons dans un monde dans lequel nous sommes confrontés à la richesse comme marchandises, ou comme argent, l'équivalent général des marchandises. La première phrase du *Capital*, en nous disant qu'il s'agit d'une apparence, nous dit que c'est vrai, mais aussi que ce n'est pas vrai. Il y a plus que cela dans la richesse, il y a une richesse qui pousse au-delà de cette forme. Si l'existence de la richesse comme marchandise signale un monde de déterminations étrangères, un monde dans lequel c'est la valeur des marchandises qui détermine la manière dont la richesse des capacités humaines se développe, alors le simple « apparaît comme » attire notre attention vers la réalité présente d'une poussée vers l'autodétermination* – c'est la précondition qui a présidé à l'écriture de la première phrase.

---

*Je remercie mon ami Sergio Tischler pour cette formulation.

La question de la crise est posée par ces mots d'ouverture. Le « apparaît comme » nous dit que l'existence horrible de la richesse sous la forme marchandise n'est pas (ou n'est pas nécessairement) permanente. Il y a une impermanence, une instabilité, dans la forme d'existence de la richesse. La dernière heure qui sonne pour le capitalisme et qui n'est mentionnée explicitement que quelque 700 pages plus loin* s'entend déjà dans cette première phrase. Du point de vue du capital, « apparaît comme » est une phrase menaçante. « Qu'est-ce qui "apparaît comme"? », s'écrient les capitalistes, « la richesse *est* l'argent et les marchandises, il n'y a rien d'autre à voir ». Il y a une menace dans ce « apparaît comme », quelque chose qui va au-delà de leur entendement, au-delà de leur contrôle.

Ce qui est au-delà de leur contrôle est ce qui est latent, à savoir la richesse qui « n'apparaît pas comme », qui ne tombe pas dans la forme de la marchandise ou qui n'est pas pleinement contenue par elle. C'est la menace. Manifestement

*Voir Marx Karl, *Le Capital*, chap. XXII, PUF, 1993 : « La dernière heure a sonné pour la propriété privée capitaliste. »

il n'y a pas une théorie pleinement élaborée de la crise dans cette première phrase, mais elle nous indique une certaine direction. Elle nous dirige vers une tendance à la crise qui découle de *ce qui n'apparaît pas*, ce qui nous offre le point de vue à partir duquel nous pouvons prononcer les mots « apparaît comme ». La richesse de la créativité humaine est la crise de son confinement – cette richesse qui déborde de son endiguement refuse d'être endiguée, exerce sa pression au-delà, vers une autre manière de coopérer socialement, vers une libre association des créateurs*.

La crise qu'annoncent les mots « apparaît comme » est une crise de la transformation de la richesse en marchandises. La richesse apparaît maintenant comme une immense collection de marchandises mais cela n'en sera pas toujours ainsi. Et cela parce que l'énoncé porte déjà sa propre contre-vérité. Il est déjà vrai que dans le mouvement de marchandisation-totalisation-

* C'est ce que Marx appelle aussi les « forces de production », une expression qui a été transformée par la tradition ultérieure du marxisme en des termes complètement dévitalisés, mais que l'on comprend mieux comme signifiant l'élan de l'humanité « dans le mouvement absolu du devenir ».

synthèse-enfermement de la richesse, il y a, dans la direction opposée, un mouvement de démaillage de la totalité*, de la synthèse et de la marchandisation, un mouvement d'enrichissement et de mise en commun qui constitue la crise de la forme marchande. C'est ce deuxième mouvement qui fait son apparition plus loin dans *Le Capital* avec l'expression « forces sociales de production ».

5. « Apparaît comme » nous met au milieu de cela, au milieu du champ de bataille. Il n'y a plus alors aucun endroit où nous cacher.

Nous lisons la première phrase trois fois. À la première lecture, il est probable (comme nous l'avons vu) que nous allons la survoler et penser qu'elle porte peu à conséquence. Nous lisons que « la richesse de ces sociétés apparaît comme une immense collection de marchandises » et nous nous disons, « oui, bien sûr qu'elle apparaît ainsi », et nous allons aussitôt examiner la marchandise. Autrement dit, nous sombrons sous les apparences que nous croyons être en train de critiquer.

---

* Sur la détotalisation, voir TISCHLER Sergio,« Detotalization and Subject », *South Atlantic Quarterly*, 2014.

Pire que cela, en n'accordant pas d'importance à la première phrase, nous participons en fait à la constitution de la richesse en marchandises.

À la deuxième lecture de la phrase, nous poussons un cri d'indignation. Nous comprenons l'horreur de ce que Marx est en train de dire, à savoir que la richesse illimitée du devenir humain est forcée de prendre la forme d'une immense collection de marchandises.

La notion de la science que Marx nous apporte là avec justesse est celle d'une activité critique. Avant de dire quoi que ce soit sur la marchandise, il l'a constituée comme un objet de critique. En nous disant que cette richesse apparaît comme marchandise, il nous invite à critiquer cette apparence, à essayer de comprendre d'où elle vient, quel est son rapport avec les forces qui la génèrent. Marx dit en effet : « La richesse de ces sociétés apparaît comme une immense collection de marchandises ; c'est pourquoi notre recherche commence par la critique de cette apparence, c'est-à-dire par la critique de la marchandise. » Dans le même souffle, il établit la richesse comme point de départ de la critique : cette richesse qui apparaît et n'apparaît pas comme une collection de marchandises, cette richesse qui pousse au-delà de sa forme actuelle d'existence. La critique est donc l'autodécouverte de ce qui est caché par l'apparence.

Lorsque nous lisons la phrase une troisième fois, nous crions à nouveau, pas seulement avec indignation contre le monde, mais avec un dégoût dirigé contre nous-mêmes. Comment avons-nous pu lire la phrase la première fois sans crier? Comment avons-nous pu considérer comme allant de soi l'horreur de la transformation des richesses humaines en une immense collection de marchandises? Comment avons-nous pu être aussi insensibles aux souffrances que cette phrase dépeint? Nous ne pouvons nous empêcher de nous demander s'il ne s'agit pas de cette même insensibilité qui a rendu Auschwitz possible*, qui permet à Guantanamo de continuer à exister ainsi qu'à toutes les famines et toutes les destructions de par le monde. Et nous savons que la réponse est oui.

---

* C'est simplement la répétition de cette remarque d'Adorno : « Auschwitz confirme le philosophème de la pure identité comme mort ».

La critique devient une autocritique. Mais ce n'est pas seulement une autocritique personnelle car nous savons que cette lecture-sans-crier a été la façon commune de comprendre la première phrase du *Capital*. L'expression « apparaît comme », précisément parce qu'elle ne se réfère pas à une fausse apparence mais à une apparence réelle, lance un défi, pas seulement à la société capitaliste mais à nous-mêmes, personnellement. Du fait que l'apparence a une validité générale dans cette société, nous vivons aussi en elle, aussi clairvoyants ou révolutionnaires que nous nous considérions. C'est notre manière de vivre à l'intérieur de l'apparence qui s'est exprimée dans notre première lecture de la phrase. La critique, par conséquent, n'est pas tournée seulement contre l'existence de la richesse sous la forme marchande, mais aussi contre notre propre façon de penser (et bien sûr contre notre propre mode d'existence). Dire que l'angle d'attaque de notre critique est la richesse qui pousse au-delà de la forme marchande ne nous libère pas des apparences engendrées par cette forme. Pour penser scientifiquement, nous devons nous tourner contre nous-mêmes. Quand nous disons « la richesse de ces sociétés apparaît comme des marchandises », nous reconnaissons que nous vivons au sein de ces apparences et en même temps nous nous plaçons contre et au-delà des apparences, comme critiques de ces apparences. Nous reconnaissons que notre présence dans cette société nous constitue comme étant auto-antagoniques, schizophréniques au sens populaire, ayant un moi divisé. Toute notion de pureté révolutionnaire ou d'exactitude théorique est pour cette raison absurde.

Mais cela ne vaut pas seulement pour nous. Vous aussi, M. Marx. Il doit en être ainsi. Marx vivait également dans ce monde d'apparences dans lequel l'existence de la richesse humaine comme collection de marchandises est considérée simplement comme allant de soi. En même temps qu'il montre l'horreur de ce qui arrive, il y a des moments où il semble considérer cela comme allant de soi, des moments où il semble se concentrer sur le monde des formes (marchandise-argent-capital) et oublier la position contre et au-delà qui, dès les premiers mots du livre, donne à son analyse son tranchant critique. Il est impossible de lire *Le Capital* sans être confronté à ces questions : « Quel Marx, quelle lecture? » Les premiers mots (« apparaît comme ») annoncent une tension qui traverse inévitablement Marx comme elle nous traverse tous. Il y a bien sûr deux Marx, de même que chacun d'entre nous est double, mais cette tension n'est pas une rupture entre le jeune et le vieux Marx (comme l'affirmait Althusser), mais une tension qui découle de l'antagonisme entre l'apparence et son substrat. Si Marx avait développé sa première phrase, il aurait pu écrire : « La richesse des sociétés dans lesquelles règne le mode de production capitaliste apparaît comme une "immense collection de marchandises", et parce que cette apparence n'est pas une simple erreur mais est engendrée par la nature de ces sociétés, il s'ensuit qu'aussi longtemps que le capitalisme continuera d'exister, il sera impossible d'échapper complètement à ces apparences. Ainsi, lorsque nous critiquons ces apparences comme nous le faisons en signalant simplement que ce ne sont que des apparences, nous signalons également une tension en nous-mêmes entre notre existence au sein de ces apparences et notre critique de ces apparences en tant qu'apparences. N'espérez donc pas trouver un vrai Marx ou une lecture correcte de ce livre : prenez plutôt ce texte comme un stimulant susceptible de devenir une part de votre propre existence contradictoire. » Il aurait pu écrire cela, mais il ne l'a pas fait.

RÉSONANCES

L'argument avancé ici est simple : *Le Capital* de Marx commence par la richesse et non par la marchandise. Et les implications théoriques et politiques de cette distinction sont énormes.

1. Cet argument va à l'encontre du courant principal des commentaires du *Capital*. Relativement peu de commentaires portent la moindre attention à la première phrase et, parmi ceux qui le font, aucun ne parvient à la conclusion qui est ici proposée. Mon objectif n'est pas de critiquer les autres commentateurs. Mais un bref commentaire de trois d'entre eux, parmi les plus influents et éminents, aidera à mettre en relief les traits distinctifs de l'argumentation présentée ici.

Dans *Pour lire* Le Capital *(« A Companion to Marx's Capital »)*, David Harvey cite la première phrase à la première page de son premier chapitre et attire l'attention sur l'importance du terme « apparaît comme » qui « signale que quelque chose d'autre se déroule sous la surface de l'apparence* ». Il interprète la première phrase comme signifiant que « Marx s'intéresse exclusivement au mode de production capitaliste », ce qui est assez différent de l'interprétation qui est suggérée ici, à savoir que la signification de la première phrase dérive du fait que Marx ne limite pas son regard au capitalisme mais porte au-delà de lui. En toute logique, Harvey n'accorde donc aucune attention à la question de la richesse et va immédiatement à la fin de la phrase, à la marchandise. Il résume son point de vue sur le début du *Capital* dix pages plus loin : « La situation est à peu près la suivante : Marx dit avoir pour but de mettre au jour les règles de fonctionnement du mode de production capitaliste. Il part du concept de marchandise**... »

Dans son livre d'une clarté remarquable, *Introduction to the Three Volumes of Karl Marx's*

---

* HARVEY David, *Pour lire Le Capital*, Montreuil, La Ville brûle, 2012, p. 24.
** *Ibid.*, p. 34.

Capital[*], Michael Heinrich cite la première phrase au début de son chapitre sur « *Value, Labour, Money*[**] » et va ensuite immédiatement à la marchandise, attirant l'attention sur le fait que c'est seulement avec le capitalisme que la marchandise est la forme typique de la richesse. Dans un autre livre[***], le même auteur consacre toute une section de plusieurs pages au premier paragraphe du *Capital.* Après avoir montré (autant quc nous l'avons fait) qu'il est facile de sauter la première phrase comme ayant peu de signification, il attire l'attention sur l'importance de l'expression « apparaît comme », la distinguant à la fois de «est» et de «semble». Il montre qu'il y a là une critique implicite de *La Richesse des nations* d'Adam Smith et de son échec à percevoir que la richesse revêt différentes formes dans différents

* HEINRICH Michael, « Introduction to the Three Volumes of Karl Marx's Capital », New York, *Monthly Review Press*, 2012. Le livre de Heinrich a été salué (sur la quatrième de couverture) par mon ami Werner Bonefeld, comme « l'introduction au *Capital* de Marx la meilleure et la plus détaillée qui soit ». Je n'ai aucune raison de m'inscrire en faux contre cette appréciation car la description du *Capital* y est extrêmement claire; mais je ne partage pas l'interprétation que propose Heinrich.

** *Ibid.*, p. 39.

*** HEINRICH Michael, *Wie das Marxsche Kapital lessen ?, op. cit.*, p. 50-54.

types de société. Ceci étant dit, il passe à une discussion sur la marchandise, réduisant de fait l'importance du premier paragraphe à une introduction au thème central : « Fondamentalement, le premier paragraphe dit seulement que Marx commence sa présentation avec la marchandise et qu'il pense avoir de bonnes raisons pour procéder ainsi* ». On ne trouve là rien de la tension entre richesse et marchandise qui a été le pivot de notre argumentation, ni non plus la question de savoir ce qui a permis à Marx de formuler cet énoncé. Heinrich explique clairement ce qu'implique sa compréhension de la marchandise et de la théorie de la valeur : « Avec la théorie de la valeur, Marx cherche à dévoiler une structure sociale à laquelle les individus *doivent* se conformer, *indépendamment de ce qu'ils pensent***. »

L'ouvrage important de Harry Cleaver, *Reading Capital Politically****, se rapproche de l'interprétation qui est ici proposée dans la

* *Ibid.*, p. 53.
** HEINRICH Michael, « Introduction to the Three Volumes of Karl Marx's Capital », *op. cit.*, p. 46 (en italique dans le texte).
*** CLEAVER Harry, *Reading Capital Politically*, Londres, Harvester Press, 1979.

mesure où l'auteur considère la logique de la forme marchande non pas comme une structure inéluctable mais comme une lutte : « Il y a certainement des régularités ou des "lois" dans l'échange des marchandises, de même qu'il y a une logique propre à la forme marchande ; mais cette logique et ces lois sont seulement celles que le capital réussit à imposer. Ce que Marx nous montre dans *Le Capital*, ce sont les "règles du jeu" fixées par le capital*. » Cependant, bien qu'il comprenne la forme marchande comme une lutte, Cleaver maintient le point de vue traditionnel selon lequel *Le Capital* commence par la marchandise. Il cite la première et la deuxième phrases**, et continue ensuite « [Marx] commence par la marchandise parce qu'elle est la forme élémentaire de la richesse dans la société capitaliste. Lorsque nous lisons le reste du *Capital*, nous découvrons pourquoi toutes les richesses prennent une forme marchande dans la société bourgeoise. » Ainsi, bien que Cleaver insiste sur l'importance de considérer les catégories de valeur, argent, capital et autres

* *Ibid.*, p. 66.
** *Ibid.*, p. 71.

comme des catégories de lutte, la lutte contre ces formes demeure extérieure à l'analyse du *Capital*. Au contraire, nous suggérons ici que cette lutte anticapitaliste est déjà annoncée dans les mots se trouvant au début du *Capital* : « la richesse ». La lutte n'est pas un produit du militantisme se situant en dehors de la domination ; elle est bien plutôt inscrite dans le rapport de domination lui-même et est inhérente à notre expérience quotidienne. Les catégories elles-mêmes racontent leurs récits de révolte*.

Continuer à discuter d'autres auteurs ne nous aiderait pas à progresser dans notre argumentation. Les autres commentateurs du *Capital* n'adoptent pas la perspective qui est ici avancée. À ma connaissance, personne ne s'interroge sur ce qui a permis à Marx de dépasser les apparences qu'il analysait ; et personne ne présente la relation entre richesse et marchandise comme une relation de lutte active. La position presque universellement adoptée est que Marx commence

*Pour une discussion plus approfondie, voir mon commentaire sur le rejet par Cleaver du travail concret comme catégorie de lutte dans *Crack Capitalism*, Paris, Libertalia, 2012, p. 308-311.

par la marchandise*, et la conception générale semble être celle avancée par Harvey, à savoir que « son but est de mettre au jour les règles de fonctionnement du mode de production capitaliste ». Puisque ces règles fonctionnent indépendamment de la volonté humaine, il semble en découler que ce sont des règles auxquelles, comme l'avance Heinrich, « les individus *doivent* se conformer, *indépendamment de ce qu'ils pensent* ».

2. Le but n'est pas de trouver l'interprétation *correcte* de Marx ou de découvrir ce qu'il a *réellement* voulu dire. Savoir si Marx était conscient ou non de toutes les implications de ce qu'il a écrit est d'un intérêt secondaire. Ce qui est bien plus important, c'est que nous parlons d'un texte qui a eu une immense influence dans la formation de la

---

*Une exception remarquable, la seule que j'ai trouvée, se trouve dans un chapitre de León Rozitchner sur la coopération et sur le corps productif chez Marx et Freud, dans lequel il souligne que Marx commence *Le Capital* non pas avec la marchandise mais avec la richesse; et il relie explicitement le concept de richesse au passage des *Grundrisse* cité plus haut. Voir Rozitchner León, *Freud y los Problemas del Poder*, Buenos Aires, Losada, 2003, pp. 88-98. Cependant, il ne développe pas le rapport antagonique entre la richesse et la marchandise, sur laquelle nous avons ici insisté. Mes remerciements chaleureux à Bruno Bosteels pour avoir attiré mon attention sur le travail de Rozitchner.

lutte anticapitaliste. Étant donné que les formes de la lutte changent, nous devons constamment interroger sa pertinence ; et la réponse à cette interrogation est inséparable de son interprétation. Il n'est pas possible d'adopter une lecture non historique, ou de fait apolitique, du *Capital*.

Il y a eu un rapport symbiotique entre la lecture traditionnelle du *Capital* (qui tient pour acquis que Marx commence par la marchandise et que sa préoccupation dans son livre est d'expliquer « les règles de fonctionnement » du système) et le concept d'un changement révolutionnaire qui situe la révolution dans l'avenir et associe la révolution à la prise du pouvoir d'État et au remplacement d'un système par un autre. Cette conception de la révolution a été considérablement discréditée par les expériences du XXe siècle et par les urgences du présent. Y a-t-il d'ailleurs encore dans certains pays un parti ayant comme perspective, même lointaine, de diriger la « future révolution » ?

La question centrale est celle de l'enfermement. Si nous partons de la marchandise, nous nous plaçons aussitôt *à l'intérieur* du système que nous critiquons. Ce qui s'ensuit peut alors être vu comme une analyse puissante de la prison dans laquelle nous nous trouvons. Cette prison est constituée par toute une chaîne de formes sociales d'une texture serrée. Partant de la forme marchande (la marchandise comme forme des rapports sociaux), Marx nous conduit vers des formes toujours plus développées de la totalité des rapports sociaux, faisant découler l'une de l'autre : la forme valeur de la forme marchande, la forme argent de la forme valeur, la forme capital de la forme argent, et ainsi de suite*. Marx s'emploie à souligner l'interconnexion entre les formes (en particulier dans ses critiques de Proudhon), de sorte que cela n'ait pas grand sens de rêver à une société fondée sur l'échange marchand mais sans argent, ou sur l'argent mais sans le capital. Les différentes formes s'ajustent ensemble de façon serrée pour former une totalité. Si nous nous arrêtons là, alors nous avons une analyse qui suggère

---

*Le développement le plus sophistiqué de cette approche est probablement ce qu'on appelle la « nouvelle lecture » *(« new reading », « neue Lektüre »)* de Marx qui est associée à des auteurs tels que Reichelt, Backhaus, Postone et Heinrich. Pour une contribution et une discussion de la « new reading », voir BONEFELD Werner, *Critical Theory and the Critique of Political Economy*, Londres, Continuum, 2014.

que la seule manière de briser cette totalité est de le faire comme un tout, et que les tentatives pour briser des aspects particuliers sont vouées à l'échec à cause du pouvoir d'intégration de cet ensemble.

La compréhension du *Capital* comme analyse rigoureuse d'un système clos peut nous conduire dans deux directions. La première nous conduit vers le parti qui dirigera la future révolution. Dans ce cas, la seule manière de briser la totalité dans son ensemble consiste à construire un parti révolutionnaire uni et fort. Par ailleurs, et je pense que cela a été la tendance dominante au cours des dernières années, il y a une lecture du *Capital* qui se détache de toute considération de révolution. Dans ce cas, puisque la révolution doit être totale mais qu'il n'existe aucun parti ayant la perspective de la mener à bien, la lecture du *Capital* est considérée comme importante simplement pour comprendre comment fonctionne le système. Une lecture rigoureuse du *Capital* peut facilement se combiner avec un pessimisme apolitique très éloigné du mouvement actuel des luttes anticapitalistes. La lecture du *Capital* et la lutte anticapitaliste s'éloignent alors l'une de l'autre.

L'objection à la conception traditionnelle qui estime que Marx part de la marchandise n'est pas seulement politique. Elle est textuelle. Il est tout simplement faux de dire que Marx part de la marchandise : il part de la richesse. Il ne s'agit pas de lui faire dire ce qu'on voudrait qu'il dise. C'est écrit noir sur blanc. Marx part de la richesse.

Marx ne commence pas par nous placer à l'intérieur du système que nous critiquons. Au contraire, il part d'une richesse *(richness)* qui ne s'adapte pas à la forme marchande sans qu'il y ait un reste. Avant même de nous entraîner dans la toile tissée serrée avec les formes sociales capitalistes adéquates, il nous présente une catégorie qui n'est pas adéquate, et il s'appuie sur elle. Cette ouverture n'affaiblit pas la force avec laquelle les différentes formes sociales en dérivent mais elle nous les fait comprendre comme étant des processus, des formes processus, des processus de formation*. La totalité capitaliste est en effet un

* Sur les formes comme formes processus, voir SOHN-RETHEL Alfred, *Intellectual and Manual Labour*, Londres, Macmillan, 1978 ; HOLLOWAY John, « The State and Everyday Struggle », dans CLARKE Simon, *The State Debate*, 1991 ; *Changer le monde sans prendre le pouvoir*, Paris/Montréal, Syllepse/Lux, 2007 (2002) et *Crack Capitalism, op. cit.*

processus de totalisation, une lutte permanente pour soumettre la pure agitation inquiète de la vie* à la logique du capital, pour rattacher toutes les activités humaines à une cohésion sociale serrée. Ce qui apparaît comme la prison densément tissée par la logique du capital se comprend mieux comme étant une attaque portant en elle sa propre crise, une attaque que nous ne pouvons comprendre que parce qu'elle n'est pas totalement efficace. Toutes les formes sociales sont des processus de formation de contenus récalcitrants ; et ces contenus ne sont vraiment pas adéquats, ils *ne s'adaptent pas* à leurs formes respectives. La richesse ne s'adapte pas à la forme marchandise, la valeur d'usage ne s'adapte pas à la forme valeur, le travail concret ne s'adapte pas au travail abstrait, la capacité de travailler *(to work)* ne s'adapte pas à la force de travail *(labour)* marchandise, les forces de production ne s'adaptent pas à la forme capital, et ainsi de suite**. Ces formes sont autant de lits de Procuste ; mais ces lits de Procuste sont

---

* Sur la « pure agitation inquiète de la vie », voir HEGEL Georg W. F., *Préface de la Phénoménologie de l'Esprit*, édition bilingue, traduction de Jean-Pierre Lefebvre, Paris, GF-Flammarion, 1996 (1807).

** Et l'on pourrait ajouter que « nos rêves ne s'adaptent pas à vos urnes électorales ».

défectueux de façon inhérente, ils sont incapables de façonner entièrement leurs contenus à leurs formats*. Dans chaque cas, le contenu déborde sa forme, n'existe pas seulement en elle mais aussi contre et au-delà de cette forme.

Le Capital, dès ses premiers mots, est un récit qui présente les forces d'inadaptation contre les forces de la cohésion sociale oppressive. Il part de la dignité de la rébellion et non pas des horreurs de la domination. La richesse, la créativité humaine, le mouvement absolu de notre devenir, voilà quel est son thème. Marx nous conduit dans un monde d'inadaptations dans lequel notre créativité se trouve enfermée; mais elle n'est jamais complètement enfermée dans les lois du développement capitaliste, dans ses formes sociales qui voudraient nous enchaîner et portent en elles leur propre crise. Le livre de Marx engage une exploration sur

*J'ai remarqué que Perelman emploie la métaphore du lit de Procuste pour décrire les institutions économiques et les pratiques qui obligent les gens à accepter la discipline du marché. Il est cependant crucial que Marx nous présente le lit de Procuste (la forme marchandise) à travers sa propre crise (la richesse qui ne s'adapte pas à elle). Voir PERELMAN Michael, « The Invisible Handcuffs of Capitalism », New York, *Monthly Review Press*, 2011.

les possibilités et difficultés de penser la révolution et de la faire à travers de multiples révoltes qui ne s'adaptent pas aux formes capitalistes, à travers de multiples perforations de ces formes. Le parti, c'est fini. La révolution future est morte. Briser le capital, ici et maintenant, au travers de millions de ruptures, est désespérément urgent, et cela est déjà en train de se produire. C'est pourquoi il est si important de lire *Le Capital*. En commençant par la première phrase.

BIBLIOGRAPHIE

ADORNO Theodor W., *Dialectique négative*, Paris, Payot, 1978 (1966), rééd. 2003.

BONEFELD Werner, *Critical Theory and the Critique of Political Economy*, Londres, Continuum, 2014.

CLEAVER Harry, *Reading Capital Politically*, Londres, Harvester Press, 1979.

DE ANGELIS Massimo, *The Beginning of History : Value Struggles and Global Capital*, Londres, Pluto Press, 2007.

GUNN Richard, « Against Historical Materialism : Marxism as a First-order Discourse », dans BONEFELD Werner, GUNN Richard et PSYCHOPEDIS Kosmas (dir.), *Open Marxism, vol. 2. Theory and Practice,* Londres, Pluto Press,1992, pp. 1-45.

HARDT Michael et NEGRI Antonio, *Commonwealth,* Cambridge, Harvard University Press, 2009.

HARVEY David, *Pour lire Le Capital*, traduction de Nicolas Vieillecazes, Montreuil, La Ville brûle, 2012 (2010).

HEGEL Georg W. F., *Préface de la Phénoménologie de l'Esprit*, édition bilingue, traduction de Jean-Pierre Lefebvre, Paris, GF-Flammarion, 1996 (1807).

HEINRICH Michael, « Introduction to the Three Volumes of Karl Marx's Capital », New York, *Monthly Review Press*, 2012.

HEINRICH Michael, *Wie das Marxsche Kapital lessen?* Stuttgart, Schmetterling Verlag, 2008.

HOLLOWAY John, « The State and Everyday Struggle », dans CLARKE Simon, *The State Debate*, 1991 (1980), pp. 225-259.

HOLLOWAY John, *Changer le monde sans prendre le pouvoir*, Paris/Montréal, Syllepse/Lux, 2007 (2002).

HOLLOWAY John, *Crack Capitalism*, Paris, Libertalia, 2012 (2010).

LUKACS Georg, *Histoire et conscience de classe. Essais de dialectique marxiste*, Paris, Minuit, 1960 (1923).

MARX Karl (1857) *Grundrisse*, Londres, Penguin, 2005.

MARX Karl, *Grundrisse*, Berlin, Dietz Verlag, 1953 (1857), p. 387-388.

MARX Karl, *Manuscrits de 1857-1858 dits « Grundrisse »*, Paris, Éditions sociales, 1980/2011 (1857).

MARX Karl, *A Contribution to the Critique of Political Economy,* Londres, Lawrence & Wishart, 1971 (1859).

MARX Karl, *Zur Kritik der Politischen Ökonomie*, Karl Marx-Friedrich Engels – Werke, Bd. 13, Berlin, Dietz Verlag, 1961 (1859).

MARX Karl, *Contribution à une critique de l'économie politique*, Paris, Éditions sociales, 1972.

MARX Karl, *Le Capital*, livre I, Paris, Alfred Costes éditeur, 1924 (1867). Traduit par Joseph Molitor.

MARX Karl, *Capital*, vol. 1, Moscou, Progress Publishers, 1965 (1867).

MARX Karl, *Capital*, vol. 1, Londres, Penguin, 1990 (1867).

MARX Karl, *Das Kapital*, Bd. I, Berlin, Dietz Verlag, 1985 (1867).

MARX Karl, *Le Capital*, livre I, Paris PUF, 1993.

PERELMAN Michael, « The Invisible Handcuffs of Capitalism », New York, *Monthly Review Press*, 2011.

ROZITCHER Leon, *Freud y los Problemas del Poder*, Buenos Aires, Losada, 2003.

SOHN-RETHEL Alfred, *Intellectual and Manual Labour*, Londres, Macmillan, 1978.

SOHN-RETHEL Alfred, « Travail intellectuel et travail manuel » dans *La Pensée-marchandise*, Paris, éditions du Croquant, 2010 (1978).

TISCHLER Sergio, « Detotalization and Subject. On zapatismo and critical theory », *South Atlantic Quarterly*, n° 113, vol. 2, 2014.

VANEIGEM Raoul, *Lettre à mes enfants et aux enfants du monde à venir*, Paris, Le Cherche-Midi, 2012.

WRIGHT Steve, *À l'assaut du ciel : composition de classe et lutte de classe dans le marxisme autonome italien*, Marseille, Senonevero, 2008 (2002).

CRISE ET CRITIQUE

Je viens avec une mission, je lance un défi, un assaut. Je viens pour fissurer l'atome.

La critique consiste à fissurer l'atome, à ouvrir les catégories qui sont fermées afin de déceler l'antagonisme qui se trouve en elles. En ce sens, l'expression *Open Marxism* (« marxisme ouvert ») inventée par Bonefeld, Gunn et Psychopedis en 1992 est une (utile) tautologie.

Prenez une catégorie et fendez-la pour l'ouvrir. Que voyons-nous ? Peut-être encore d'autres catégories. Prenez la marchandise par exemple, comme Marx l'a fait. Ouvrez-la et nous découvrons l'unité antagonique de la valeur et de la valeur d'usage. Mais ce n'est pas suffisant. Nous devons aller au cœur de la question, nous devons aller *ad hominem* (Marx insiste là-dessus), nous devons parvenir à une compréhension de la catégorie en termes d'action humaine et pénétrer la conceptualisation couche après couche si nécessaire. Pourquoi ? Parce que c'est seulement si nous comprenons le monde social en termes d'action humaine que nous pouvons clairement nous demander quel type d'action humaine est nécessaire pour le changer.

Prenez ensuite l'unité antagonique de la valeur et de la valeur d'usage et ouvrez-la. Nous parvenons alors au cœur, au pivot, à une conceptualisation qui se réfère directement à une organisation antagonique de l'activité humaine, le double caractère du travail, comme travail abstrait et comme travail utile ou concret. « Ce point nous dit Marx dans les premières pages du *Capital*, est le pivot autour duquel tourne une claire compréhension de l'économie politique*. » Après la publication du premier volume, il écrit à Engels (le 24 août 1867) : « Les meilleurs points de mon livre sont : 1) le caractère double du travail, selon qu'il s'exprime en valeur d'usage ou en valeur d'échange (*Toute* l'intelligence des faits repose sur *cela*. C'est immédiatement souligné dans le *premier* chapitre)**. »

---

* MARX Karl, *Capital,* vol. 1, Moscou, Progress Publishers, 1965 (1867), p. 41 ; MARX Karl, *Capital,* vol. 1, Londres, Penguin Books, 1990 (1867), p. 132.

** Marx continue « 2) l'analyse de la plus-value, indépendamment de ses formes particulières telles que profit, intérêt, rente foncière, etc. », mais cela ne nous concerne pas ici. Il est à noter que Marx voyait cela comme étant sa contribution originale : « J'ai été le premier à mettre en relief et à examiner de façon critique la double nature du travail contenu dans les marchandises » ; *Ibid.*

Nous prenons la marchandise parce que cela nous est familier mais nous aurions pu aussi bien partir d'ailleurs. Prenez l'État si vous voulez, ouvrez-le. Tôt ou tard vous parviendrez au même point, à la même critique *ad hominem* : il s'y trouve la même unité auto-antagonique du travail abstrait et du travail concret qui explique l'existence de l'État. *Le Capital* est une critique des catégories de l'économie politique, mais les mêmes principes s'appliquent à la critique de la religion, de la politique, de la sociologie ou de tout autre sujet : la question est toujours de savoir comment nous comprenons l'existence des catégories *ad hominem* fondées sur la façon dont l'activité humaine est organisée.

Nous ouvrons une catégorie et nous découvrons la façon dont l'activité humaine est organisée. Les catégories de la pensée expriment les rapports sociaux qui les sous-tendent. « Ce sont des formes de pensée qui expriment en leur donnant une validité sociale les conditions et les rapports d'un mode de production défini et historiquement déterminé*. »

---

*Marx Karl, *Capital,* vol. 1, Moscou, *op. cit.*, p. 76 ; Marx Karl, *Capital,* vol. 1, Londres, *op. cit.*, p. 169.

Lorsque nous critiquons les catégories, nous critiquons les rapports sociaux qui engendrent ces catégories. Nous ouvrons les deux à la fois. Nous considérons la marchandise et la valeur comme des rapports sociaux, et nous les ouvrons pour découvrir le double caractère du travail qui est à la racine aussi bien des rapports sociaux que de leur conceptualisation.

Que voyons-nous alors ? Nous ouvrons la marchandise et nous voyons la valeur et la valeur d'usage ; mais ce n'est pas ce que nous voyons réellement en premier. Nos yeux se concentrent sur la valeur. Nous ouvrons la valeur et la valeur d'usage, et de ce fait nous voyons le double caractère du travail comme travail abstrait et travail concret. Mais alors, il se passe la même chose. En réalité nos yeux se concentrent sur le travail abstrait. C'est pourquoi il y a tant de discussion sur la valeur et si peu sur la valeur d'usage. C'est pourquoi, lorsque nous venons de tourner notre attention vers le double caractère du travail, presque toute notre attention se concentre sur un seul côté de ce double caractère, à savoir le travail abstrait.

Ce que nous voyons d'abord, c'est le moment dominant de l'unité antagonique. Et alors quelque chose d'affreux se produit. Notre critique dégénère en une théorie de la domination. Le marxisme devient une théorie de la domination capitaliste. Autrement dit, il devient un boniment réactionnaire, une théorie qui nous enferme dans la clôture qu'il prétendait critiquer. Il devient une théorie à la Cassandre, qui sépare l'analyse du capitalisme du mouvement des luttes, une théorie qui comprend le marxisme comme l'analyse du *cadre* dans lequel se développe la lutte de classes. Mais nous ne voulons pas une théorie de la domination, nous voulons une théorie de la lutte. Nous ne voulons pas gémir, nous voulons changer le monde.

Ouvrez la catégorie et regardez-la à nouveau, plus attentivement. En dessous et au-delà du moment dominant de l'antagonisme, nous voyons le moment dominé qui est en mouvement et qui lutte. Sous la valeur, nous voyons la valeur d'usage. Sous l'État, nous voyons les formes antiétatiques de l'organisation sociale. Sous le travail abstrait, nous voyons le travail concret (ou le *faire* concret). Nous ne les voyons pas très distinctement. Souvent, nous ne disposons pas de mots clairs pour exprimer ce que nous voyons parce qu'ils existent tous sous la forme de quelque chose d'autre. La valeur d'usage existe sous la forme de la valeur. Le travail concret existe sous la forme du travail abstrait. L'organisation sociale ou communale existe sous la forme de l'État. Autrement dit, tous existent « sur le mode d'être niés », comme le dit Richard Gunn*.

Ils sont niés mais pas annihilés. Ils sont contenus mais ils débordent. Ils sont identifiés, définis, classés, mais ils brisent cette identité, cette définition, ce classement. La critique *ad hominem*, celle qui nous entraîne jusqu'aux racines humaines des phénomènes sociaux, est inévitablement anti-identitaire parce qu'elle nous entraîne vers une agitation qui ne les acceptera pas. La critique *ad hominem* nous entraîne vers nous-mêmes, vers la source de notre esprit critique, de nos refus, de notre rage, de notre

* GUNN Richard, « Against Historical Materialism : Marxism as a First-Order Discourse », dans BONEFELD, GUNN et PSYCHOPEDIS, *Open Marxism*, vol. 2, *Theory and Practise*, 1-45, 1992, p. 14.

dignité, de notre inadaptation, de notre créativité et de notre inévitable schizophrénie. Ce qui existe sur le mode d'être nié lutte contre son propre déni. Il n'existe pas seulement dans, mais aussi contre et au-delà du mode où il est nié. La force de notre critique réside au sein de ce que nous critiquons ou, pour mieux dire, réside dans-contre-et-au-delà de ce que nous critiquons. La force de notre critique du travail abstrait réside dans le fait que nous, les critiques, faisons partie du mouvement réel du travail concret allant dans-contre-et-au-delà de son déni. Le théoricien critique n'est pas un intellectuel privilégié, mais le sujet, le faiseur, le travailleur concret qui n'existe pas seulement sur le mode d'être nié, mais aussi contre et au-delà de ce mode.

Prenez une catégorie, ouvrez-la et ce que nous découvrons n'est pas une contradiction philosophique, mais un antagonisme vivant, une lutte permanente, un affrontement entre des mouvements opposés. Le travail abstrait est une attaque constante, quelque chose qui s'impose en permanence à l'activité humaine au travers des contraintes toujours plus serrées du temps de travail socialement nécessaire. Le travail concret est un mouvement permanent dans la direction opposée, un mouvement vers l'autodétermination sociale de notre propre activité, la poussée de la créativité humaine, la force motrice de la production humaine.

Nous découvrons un antagonisme et notre découverte fait partie de l'antagonisme que nous avons découvert. Notre acte d'ouverture fait partie d'une lutte sociale pour l'ouvrir. La fission conceptuelle du travail n'est possible que parce que les luttes de 1968 l'ont provoquée en pratique. De l'autre côté, celui du mouvement du travail abstrait, l'abstraction de notre *faire* dans le travail, est une fermeture. Le processus d'abstraction du *faire* dans le travail est un processus de fermeture des concepts et des relations sociales, le déploiement d'autres concepts dans ce processus de fermeture, une forme de cohésion sociale entre les individus, une marche impulsive vers la formation d'un système ayant ses propres lois de développement, avec sa propre logique identitaire et son propre temps homogène. C'est la marche impulsive de la rationalité formelle et des Lumières. C'est un processus de cohésion qui leur procure confiance et autorité, où tout semble constituer la seule possibilité.

La critique génétique, la dérivation de la genèse des différents concepts (ce que Marx appelle le chemin à rebours dans l'introduction aux *Grundrisse** n'expose donc pas comment *est* le capitalisme. Elle suit plutôt le mouvement de cette fermeture, le mouvement vers une société assujettie à des lois. Nous ne dessinons pas seulement le mouvement d'un processus passé mais aussi celui d'une lutte présente.

Mais la fermeture n'est jamais complète. Elle ne peut pas être complète ; si elle l'était, nous ne serions pas ici en train de la critiquer. C'est la fermeture d'un plafond au-dessus de nos têtes, de murs autour de nous, mais nous pouvons encore voir au-delà du plafond, au-delà des murs. Le monde du travail abstrait est un monde clos, un monde dans lequel tout est adapté. Mais nous ne sommes pas adaptés. Nous faisons partie d'un monde qui ne nous convient pas. Nous

* Marx Karl, *Manuscrits de 1857-1858 dits « Grundrisse »*, Paris, Éditions sociales, 1980 (1857), p. 56.

marmonnons, nous grommelons, nous sommes souvent incohérents et manquons de confiance en nous. Mais nous savons que nous ne sommes pas adaptés. Le *faire* concret ne s'adapte pas au travail abstrait. Notre monde est la voix de l'inadaptation, la voix du *faire* concret.

Nous ouvrons une catégorie et nous découvrons l'inadaptation qu'elle cache. Nous ouvrons cette catégorie et nous découvrons qu'elle cache sa propre crise. La théorie critique est une théorie de la crise ; et la théorie de la crise est une théorie critique. Elle est un fléau pour la préciosité de tant de « théories critiques » qui s'imaginent pouvoir se tenir à distance de la crise et des antagonismes sociaux qu'elles montrent. Elle est également un fléau pour le vide ennuyeux d'une théorie de la crise qui se considère comme une économie, et qui est soulagée de ne pas avoir les maux de tête provoqués par la théorie critique.

Au centre de la critique se trouve l'ouverture de l'atome le plus important de tous, le travail. Le travail concret (activité vivante potentiellement consciente) existe sous la forme du travail abstrait. Mais il existe dans-contre-et-au-delà du travail abstrait. Il existe comme crise du travail abstrait. La crise est le mouvement du *faire* concret contre-et-à-travers le travail abstrait, la révolution est l'irruption du *faire* concret contre-et-à-travers le travail abstrait : c'est le mouvement de la force créatrice de l'activité humaine (la force de production) contre-et-à-travers la dynamique de cohésion sociale qui est tissée par le travail abstrait.

C'est le pivot, c'est le cœur d'une nouvelle grammaire qui émerge de l'anticapitalisme. Pourquoi ? Parce que si nous fissurons le travail, nous ne pouvons plus conceptualiser le capitalisme ou la lutte de classes comme étant l'antagonisme entre le travail et le capital. Le travail – tout du moins si nous le comprenons comme travail abstrait – est le créateur, jour après jour, du capital. Le travail est du même côté que le capital, et pas seulement le travail au sens étroit, mais le monde entier de la théorie et de la pratique qui jaillit de la domination du travail abstrait.

C'est ce que disent les luttes, dans les usines et en dehors des usines : nous ne sommes pas le travail, nous n'aimons pas le travail, nous luttons contre le travail, nous luttons pour émanciper notre *faire* du travail. Nous voulons consacrer nos vies à ce que nous voulons faire, à tout ce que nous considérons comme important.

J'ai dit que je venais avec une mission. Voici quelle est ma mission : retourner à Marx en brisant l'atome du travail, pas seulement dans le sens de redécouvrir le concept de travail abstrait, mais en voyant dans la révolte contre le travail abstrait le centre de la lutte de classes, l'espoir d'un autre monde.

RÉFÉRENCES

BONEFELD Werner, GUNN Richard et PSYCHOPEDIS Kosmas, « Introduction », dans *Open Marxism*, vol. 1 *Dialectics and History*, Londres, Pluto Press, 1992.

GUNN Richard, « Against Historical Materialism : Marxism as a First-Order Discourse », dans BONEFELD, GUNN et PSYCHOPEDIS, *Open Marxism*, vol. 2, *Theory and Practise*, 1-45, 1992.

MARX Karl, *Capital,* vol. 1, Moscou, Progress Publishers, 1965 (1867).

MARX Karl, *Capital,* vol. 1, Londres, Penguin, 1990 (1867).

MARX Karl, *Le Capital,* Livre 1, PUF, 1993 (1867).

MARX Karl, *Économie I*, Paris, « Bibliothèque de la Pléiade », Gallimard, 1963 (1867).

MARX Karl, « Letter of Marx to Engels, 24 août 1867, dans MARX Karl and ENGELS Friedrich, *Collected Works*, vol. 42, Londres, Lawrence and Wishart, 1987 (1867).

MARX Karl et ENGELS Friedrich, *Lettres sur « Le Capital »*, Paris, Éditions sociales, 1976.

MARX Karl, *Grundrisse*, vol. 42, Londres, Lawrence and Wishart, 1973 (1857).

MARX Karl, *Manuscrits de 1857-1858 dits « Grundrisse »*, Paris, Éditions sociales, 1980 (1857).

MARX Karl, *Économie II*, Paris, « Bibliothèque de la Pléiade », Gallimard, 1968 (1857).

TABLE DES MATIÈRES

John HOLLOWAY

Lire la première phrase du *Capital*

Édition préparée par

Bruno BARTKOWIAK, *Julien* BORDIER,

José CHATROUSSAT, *Charlotte* DUGRAND

et Nicolas NORRITO

Graphisme et maquette

par www.brunobartkowiak.com

Éditions Libertalia

21 ter, rue Voltaire, 75011 Paris

www.editionslibertalia.com

Indicatif éditeur : 978-2-9528292

Diffusion et distribution : Harmonia Mundi

harmonia mundi *livre*

Reproduit et achevé d'imprimer
par l'imprimerie La Source d'or à Clermont-Ferrand
le 10 février 2015
Premier tirage : 1 500 exemplaires
Dépôt légal : 1er trimestre 2015
Imprimé en France